Kuun ja auringon
välissä

Sari Tirkkonen

KUUN JA AURINGON
VÄLISSÄ

Valmistaja: Books on Demand GmbH, Norderstedt,

Saksa / Kustantaja: Books on Demand GmbH,

Helsinki, Suomi

ISBN 978-952-286-865-7

SISÄLLYS

Alkusanat	6
Lapsuudesta Tampereella	7
Etsintä	8
Sahaja Yoga	11
Egosentrisyys	15
Matka sisimpään	17
Meditaatiossa syveneminen	20
Syyllisyys	22
Lopettamisen houkutus	26
Pietariin	30
Sisäinen kamppailu	37
Intiaan	39
Siperiaan	42
Suomeen	47
Turkkiin	50
Vanhemmat	51
Suku	55
Synkronisiteetti	56

Alkusanat

Tämä kirja ei ole elämänkerta. Käsittelen tässä jonkin verran tapahtumia ja impulsseja, jotka ovat vaikuttaneet muutokseen, joka minussa on tapahtunut sisäisesti ja sen johdosta myös ulkoisesti elämäni varrella. En ole koskaan tuntenut eläväni kovin tukevasti kiinni materialistisessa harhassa, jota kutsumme elämäksi. Olen usein tuntenut itseni ulkopuoliseksi tai yksinäiseksi. Niin kutsuttu tavallinen elämä ei ole kiehtonut, koska minua on vahvasti ajanut jonkinlainen kaipuu toisenlaiseen todellisuuteen. Mutta henkisen levähdyspaikan etsiminen on käytännössä ollut poukkoilua ja ajautumista kummallisista tilanteista toiseen. Tästä syystä on elämäni vaiheet usein muistuttaneet ulospäin aivan toiselta, kuin sisäinen tarpeeni tai toiveeni olisivat edellyttäneet. Elämä on usein tuntunut suorittamiselta ja ympäröivä maailma rasitteelta. Mitä olen etsinyt? Monesti olen miettinyt, että istuisin ehkä mieluiten Himalajalla, kylpisin vuoristojärvessä, meditoisin vuoristomajan terassilla ja katselisin, kun pehmeä usva hälvenee hiljalleen ja paljastaa äänettöminä siintävät vuoren huiput.

Täytettyäni 30 vuotta, tarve pysähtyä, hengähtää ja löytää jokin tolkku elämässä vahvistui ja lopulta löysin meditaation, joka auttoi minua tutkimaan itseäni ja etsimään, sekä löytämään tasapainoa.

Lapsuudesta Tampereella

Kasvoin taiteilija perheessä. Vanhempani olivat näyttelijöitä Tampereella, missä vietin lapsuuteni 60-luvulla. Asuimme kerrostalossa Tammelan kaupunginosassa. Vanhempani olivat melkein koko ajan töissä Tampereen Teatterissa, mutta meillä oli kotiapulainen ja pihassa lapsia vahti äitejä vastapäisen talon tiiliseinää vasten istuen rivissä ja kutoen. Lapsuus oli melko mukavaa aikaa ja minä olin ymmärtääkseni aktiivinen ja vilkas tyttö. Veljeni ja minä saimme kai lähinnä niin sanotun vapaan kasvatuksen. Kesät vietin isovanhempieni luona Sotkamossa. Ukki oli Sotkamon nimismies ja hänet muistetaan vapaamielisenä ja suvaitsevana persoonana ja muistan mummonikin käyneen mielellään pitsikauppaa romaanien kanssa. Tuon ajan asenneilmapiiristä kertoo lapsuuden tapahtuma, jonka muistan vieläkin. Mummoni oli ostanut minulle nuken, joka oli ihonväriltään musta. Menin kerran naapurin tytön luo leikkimään ja otin tämän nuken mukaani. Tytön äiti kauhistui nähdessään nukkeni ja sanoi: *"Eihän tuo ole mikään oikea nukke!"* Loukkaannuin, koska se oli lempinukkeni ja lähdin kotiin.
En saanut kotona minkäänlaista uskonnollista kasvatusta.

Koulussa opetettiin uskontotunnilla raamatun kertomuksia ja muistan kerran kysyneeni opettajalta, että eikö nämä kertomukset olekin symbolisia, että eihän ne oikeasti näin tapahtuneet. Opettaja suuttui jostain syystä kysymystäni ja laittoi minut tiiliseinälle häpeämään. Tottelemattomat laitettiin käytävälle seisomaan naama seinään päin. Muistan kuitenkin pitäneeni koulun retkistä Kalevan kirkkoon ja istuin mielelläni hartaana ja yritin kokea jonkinlaista pyhää yhteyttä tähän suureen Jumalaan, josta puhuttiin. Samanlaisella hartaudella istuin lapsena Tampereen Teattereissa katsomassa esityksiä, tai järven rannalla ihailemassa auringon laskua. Ihmettelin aina, minne aurinko menee ja tunsin, kuinka pieniä olemme valtavan tähtitaivaan alla.

Etsintä

Henkinen elämä tai alitajunnan maailma ja mystiikka on aina kiehtonut minua hyvin paljon, mutta en ole halunnut niellä esimerkiksi uskontoja sellaisina, kuin ne tarjoillaan kirjoissa tai saarnoissa. Sellainen on tuntunut minusta dogmaattiselta ja ulkokohtaiselta - pelkästään jonkinlaiseen väitteeseen uskomiselta. Kunnioitan jokaista uskontoa ja olen hyvin iloinen, jos ihminen saa avun ja voimaa uskostaan. Tunsin kuitenkin, että minua varten on jokin toinen tie.

Näin nuorena joidenkin ystävieni niin sanotusti "hurahtaneen" uskoon, ainakin joksikin aikaa. Istuin kerran ystäväni kanssa, vuosi oli varmaan 1975, jäähallissa kuuntelemassa jotain amerikkalaista hurmossaarnaajaa. Halli oli täynnä. Saarnaaja puhui paatoksella ja kun hän lopulta sanoi, *"nouse ylös, jos olet valmis ottamaan Jeesuksen elämääsi"*, suurin osa nousi ylös, myös minun ystäväni. Minä ajattelin, että ei tämä voi olla näin yksinkertaista.

Jos on jonkinlainen Jumala, usko tai uskonto, sen on oltava jotain syvempää, vastauksien on löydyttävä sisältä itsestä. Miten löytää tasapaino sisäisen ja ulkoisen elämän kanssa? Työtä on tehtävä, rahaa tienattava, jotenkin tässä on keikuttava mukana. Kenties useakin on kokenut elämäntilanteen, jolloin tajuaa eksyneensä turvalliselta polulta, harhailevansa tolkuttomana jossakin ilman kompassia tai paahtaen pika-aitoja hikipäissään aitojen yli tai ali kaataen kaikki loput aidat mennessään, vammauttaen itsensä ja loukaten vierellä juoksijat siinä sivussa. Silloin on pysähdyttävä, puhallettava peli poikki ja aloitettava matka sisäänpäin. Itsetutkiskelua on monenlaista. Minulle se merkitsi meditoimista. Kaikki, mikä oli rauhallisen meditatiivisen tilan tiellä oli roinaa, joka on kertynyt elämän, tai mahdollisesti monen elämän aikana ja joka oli siivottava pois. En kuitenkaan olisi osannut meditoida ihan omin päin, ilman opastusta.

Muutoksen tarvetta elämässäni vauhditti tapahtuma, joka minulle sattui juuri ennen kuin meditaatio ja jooga tulivat osaksi elämääni. Oli myöhäinen ilta ja olin menossa nukkumaan, kun yhtäkkiä kuulin, ikään kuin hätäisen avunpyynnön. Tunnistin jotenkin äänen kuuluvan isäni entiselle naisystävälle, jonka kanssa isä asui jonkin aikaa erottuaan äidistäni. Isäni äiti ei koskaan puhunut asiasta, mutta minulla oli aina tunne, että hän ei ollut tyytyväinen vanhempieni eroon. Isoäitini oli jo sittemmin kuollut vatsasyöpään. Kuulin siis ikään kuin äänen ja tunsin samalla pakokauhua ja ahdistusta. Aloin yhtäkkiä puhutella isoäitiäni ja pyytää, että hän antaisi anteeksi tälle naiselle. Tilanne oli painostava ja sekava, kuljin ympäriinsä levottomana, enkä tiennyt mitä tehdä. Tunsin näiden henkilöiden läsnäolon ja myös katkeran vihan läsnäolon. Aloin itkeä valtoimenaan. Sitten katseeni osui kirjahyllyssä kirjaan, se oli Danten Jumalainen näytelmä. Avasin sen summittaisesti ja aloin lukea ääneen. Osuin kohtaan, jossa matkalainen siirtyy Helvetistä kiirastuleen ja puhdistautuu Helvetin synneistä. Sitten tilanne rauhoittui ja tunsin valtavaa helpotusta. Seuraavana päivänä sain tiedon, että tämä isäni ystävä kuoli edellisenä yönä vatsasyöpään. Sen kuolinyön tapahtuman jälkeen ymmärsin lopullisesti, että on olemassa toinenkin olemisen taso, kuin tämä, jonka näemme.

Myöhemmin sain ymmärtää, että Katolisen kirkon oppien mukaan kiirastuli on paikka, jossa sielu puhdistuu kuoleman jälkeen ennen taivaaseen astumista ja että me voimme auttaa sieluja rukoilemalla heidän puolestaan. Tämä kaikki on hyvin hämmentävää, koska minä en ole katolinen eikä minulla ollut minkäänlaista tietoa uskon opeista ja Dantekin on antanut Jumalaiselle Näytelmälleen monta eri tulkinnan tasoa. Mutta minä toimin sinä yönä hyvin spontaanisti.

Tapasin myös isoäitini muutama vuosi myöhemmin unessani jossakin pilvien yläpuolella. Hän kertoi voivansa hyvin ja että hänellä oli paljon hyvää luettavaa. Muistin, että hän todellakin rakasti lukemista. En tiedä tapasinko isoäitini todella vai oman mieleni sopukoissa, mutta minua uni lohdutti ja ilahdutti.

Sahaja Yoga

Työeskentelin Tampereen Työväen Teatterissa 90 – luvun alussa, kun eräs kollegani tutustutti minut Sahaja Yoga meditaatioon. Sahaja Yogan perustaja Shri Mataji Nirmala Devi tuntui heti jotenkin selittämättömällä tavalla tutulta, luotin häneen ja minusta tuntui, kuin olisin yhtäkkiä, pitkän harhailun jälkeen löytänyt kotiin.

Jumalan sanan lukeminen ei ollut saanut minua vakuuttuneeksi Jumalan olemassaolosta.

Mutta melkein välittömästi, aloitettuani meditoinnin, ymmärsin, että on olemassa jokin suurempi voima, joka lopulta on kaiken tämän elämän sirkuksen taustalla. Tunsin sen läsnäolon viileänä tuulahduksena ympärilläni ja kämmenissäni tai pääni päällä. Se pyyhkäisi kevyesti kuin tervehdykseksi tai vastaukseksi, kun esitin mielessäni kysymyksen, johon kaipasin kipeästi vastausta. Tunsin, kuinka jokin virvoittava energia nousi sisälläni sametin pehmeästi puhdistaen kaiken mennessään. Saatoin tuntea sen ihan fyysisesti ja mennessään tämä energia jätti valtavan rentoutuneen, seesteisen olon ja tunsin olevani turvassa, kuin äidillisen voiman suojeluksessa. Tämä energia on hyvin äidillinen, meidän kaikkien yhteinen esiaikainen äiti. Kokonaisuus oli täysi – pyhä kolminaisuus: Isä, poika ja äiti.

Tätä puhdistavaa energiaa kutsutaan kundaliiniksi. Kundaliini on sisäinen valo - energia joka pikkuhiljaa raivaa tietään ihmisen hermokeskuksissa, käyden läpi energiatukoksia chakroissa, eli energiakeskuksissa. Kuin käärme se luikertelee ja puhkoo viimein tiensä päälaelle ja asettuu siihen. Se lepää pään päällä kuin viileä henkäys vuoren huipuilla ja kohoaa sitten korkeuksiin; se pitää mielen kurissa ja vie hengen taivaisiin

Tarrauduin tiukasti Sahaja joogaan. Ymmärsin, että olen vasta matkan alussa ja aloin meditoida heti päivittäin.

12

Tunsin koko ajan sisälläni tapahtuvan hienovaraista muutosta. Sain vinkkejä unessa, mihin täytyy keskittyä, mitä puhdistaa. Opin pikkuhiljaa siirtämään huomiota sisäänpäin, itseeni.

Sahaja joogassa opetetaan, että hienorakenteemme rakentuu chakroista -hermokimppuihin liittyvistä energiakeskuksista ja kolmesta kanavasta, joita ovat vasen- keski ja oikea kanava. Vasen kanava on halujen ja tunteiden, kuun kanava, joka päättyy pään oikealla puolella ns. Superegoon. Keskikanava säätelee tasapainoamme. Oikea kanava on toiminnan, auringon kanava, joka taas päättyy pään vasemmalla puolella ns. Egoon. Mutta egoa ei pidä sekoittaa terveen järjen kanssa. On selvää, että vain kirkas järki voi tuntea noin hienojakoisia ja syviä vivahteita, joita meditaatiossa tunnetaan. Ja jos ylipäätään kuuntelisimme enemmän järkeä, kuin egoa ei maailma näyttäisi näin julmalta ja epäoikeudenmukaiselta kokonaisuudelta kuin se nyt vaikuttaa.

Tämä kundaliini voi ratkaista kaikki sodat, nälänhädän, epidemiat ja eriarvoisuuden. Ulkoinen heijastaa aina sisäistä. Koen, että kaikki kaaos, mitä näemme ympärillämme sekä ihmisten teot ja luomukset ovat todeksi tulleita ajatuksia, jotka heijastavat sisäistä rauhattomuuttamme, pelkojamme tai toiveitamme.

Mutta kun meditoimme, olemme samanarvoisia. Kundaliinille ei merkitse omaisuudet, arvot, palkinnot, osakkeet tai Oskarit.

Olemme kaikki lihaa, verta, vettä ja meillä on henki, joka on samanarvoinen kaikilla. Henki on aina kirkas ja kevyt. Ensimmäinen asia, jonka meditaatiossa tunsin oli ilo. Käsittämätön ilon tunne pyrähti sydämeeni ja nauroin spontaanisti ja antaumuksella, kuin vain lapset voivat nauraa. Sitten aloin muutenkin tuntea samanlaisia onnen tuntemuksia kuin joskus lapsena. Miten olin voinut unohtaa niin vahvat ja elävät tuntemukset? Miten olin voinut elää niin kauan ilman tällaista ulottuvuutta elämässäni? Hämmästyin sitä, miten oli mahdollista olla siinä hetkessä, tässä ja nyt ja sielu lepäsi kevyesti pääni yläpuolella, missä ei ole ajatuksia ja missä vallitsi syvä rauha ja hiljaisuus. Meditaatio ei tarkoita kuitenkaan elämästä luopumista ja haahuilua jossain oudossa kaavussa ympäriinsä. Se tarkoittaa käytännössä asioiden näkemistä uudessa valossa, avarammin kuin ennen. Ja jos jostain on luovuttava, niin egosentrisyydestä, käsityksestä, että maailma pyörii minun ympärilläni. Meillä on kuitenkin oma tahto ja kokemuksesta olen huomannut, että jos yrittää väkisin taivuttaa kaikkeutta oman tahtonsa tai toiveensa mukaiseksi, niin mikään ei tule onnistumaan.

Egosentrisyys

Ymmärrettyäni edes vähän, mitä tarkoittaa egosta luopuminen, törmäsin ensimmäiseksi pelkoihini. Ne näyttäytyivät minulle yksi toisensa jälkeen ja jonkin aikaa tuntui, kuin olisin ollut jatkuvassa paniikkihäiriön tilassa. Tunne meni kuitenkin pian ohitse ja alkoi helpottaa. Mutta hetkittäin olin kasvotusten torjuttujen pelkojeni kanssa ja samassa ymmärsin, että olin siihen asti suorittanut lähes kaiken elämässäni pelon vallassa. Olin toiminut velvollisuuden tunnosta, joka oli vääränlaista vastuuntuntoa. Siihen liittyi pakko, pelko ja ahdistus, se oli suorittamista. En ollut kunnioittanut itseäni, omia toiveitani, enkä ollut huolehtinut itsestäni. Kun meditoidessa sain yhteyden kaikkeuden luovaan energiaan, ymmärsin, että olemme kaikki tämän voiman luomuksia ja täytyy pitää huolta itsestä, kunnioitaa itseämme, toisiamme ja ennenkaikkea Luojaa itseään. Luopuminen merkitsi siis egosta, eli vääränlaisesta tekijyydestä luopumista, jotta voisi antaa kaiken tapahtua kaikkeuden suunnitelmien kanssa sopusoinnussa. Se ei kuitenkaan tarkoita passiiviseksi heittäytymistä. Voi olla hyvinkin tehokas ja aikaansaava, mutta egokeskeinen sooloilu, paniikinomainen suorittaminen ja sokea säntäily, ainakin minun kohdallani oli paras luovuttaa pois. Luopumalla liiallisesta tekijyydestä, saatoin siis antaa asioiden tapahtua.

Koin, että meistä kyllä huolehditaan, mutta meidän on koko ajan kehityttävä ihmisenä ja sitä varten tarvitsemme oppitunteja ja sanonta, "*Se, mikä ei tapa opettaa*", on harvinaisen totta.

Voisin väittää, että äärimmäinen ahneus on seurausta menettämisen pelosta. Keräämällä jatkuvaa huomiota tai mammonaa korvataan ehkä lapsuudessa koettua hylätyksi tulemisen tunnetta. Näin ollen ne muutamat egosentriset monikansallisten yritysten johtajat tai pörssisijoittajat, jotka määräävät maailman talouden kasvusta tai romahduksista eli taloudellisesta epätasapainosta, ovat itse asiassa pelokkaita ja traumaattisia lapsia, jotka kaipaavat kipeästi äidin huomiota. Yhteiskunta odottaa kansalaisiltaan aktiivisuutta tai verkostoitumista, osallistumista. Yhteisöillä on omat sääntönsä, käyttäytymismallinsa ja jos niistä poikkeaa, on sitten syrjäytynyt. Kenties onkin niin, että nämä veroja kiertävät suuryritykset vasta ovatkin syrjäytyneitä. Kaiken kaikkiaan tuntuu, että koko ihmiskunta on eristäytynyt luonnosta ja kaikesta luonnollisesta. Lopulta kuitenkin tärkeintä on löytää tasapaino, harmonia ja pysyä elämän virran mukana.

Matka sisimpään

Ennen kuin aloin meditoimaan, olin pitkään ihmetellyt miksi en tunne iloa. Luonnon uskomattoman kauniit aamut, usva nurmen pinnalla tai järvellä, lintujen hyvän huomenen toivotukset eivät vaikuttaneet minuun millään lailla. Sisälläni velloi vain jokin ahdistava möykky, huono olo, jota mikään ei pystynyt poistamaan. Muistan pahan olon vaivanneen minua ajoittain jo lapsuudessa. Möykky kasvoi murrosiässä ja vuosien mittaan vain suuremmaksi. Jotain oli mennyt vinksalleen sisälläni jo nuorena. Se saattoi johtua yksinäisyydestä. Melkein heti aloitettuani koulun, luovuimme kotiapulaisesta ja olimme veljeni Jarkon kanssa paljon kotona yksin iltaisin, kun vanhemmat olivat töissä. Vaikka päällisin puolin kaikki olikin hyvin ja olin käsittääkseni rohkea lapsi, saattoi epävarmuus ja pelot kehittyä pinnan alla. Taistelin yksinäisyydessäni kaikenlaisia pelkoja vastaan ja onnistuinkin melko hyvin, mutta se vei paljon energiaa. Kun vanhemmat omistautuvat työlle ja hyvinkasvatettu lapsi näyttää pärjäävän hyvin yksinkin, niin lapsen sisällä saattaa kuitenkin särkyä jotain, mikä kostautuu joskus tulevaisuudessa.

Pelko

Lapsena kouluun lähtö pelotti.
Kirjat jäivät kotiin,
läksyt olivat tekemättä - joutuuko tiiliseinälle..
Opettaja pelotti - se huutaa naama punaisena.
Kirjasto pelotti, siellä piti hiippailla hiljaa.
Kotimatka ja naapurin koira pelotti
Hissi - entä jos se pysähtyy.
Muutto toiseen kaupunkiin, puhut eri murretta,
sinua haukutaan tyhmäksi juntiksi..
Et osaa ruotsia.
Koulumatka piteni,
pitää kävellä metsän läpi,
siellä heiluvat pummit pelotti.
Helsingin pelottava asema, monta junalaituria,
valtava ankea Linja-autoasema.
Keskikaljan litkijät baareissa. Isot nuorisojengit.
Pojat pelotti, entä jos ne jättävät kuin nallin kalliolle.
Tulevaisuus pelotti.
Pelko vetää puoleensa epäonnea ja tuhoa.

Vanhempani erosivat melkein heti muutettuamme Helsinkiin 70-luvun puolivälissä. Murrosiässä alkoi masennus vallata enemmän tilaa sisälläni. Minulla oli ollut paljon itsetuhoisia ajatuksia ja kärsin syvästä itsekunnioituksen puutteesta. Koko nuoruusajan muistan sekavana ja kaoottisena aikana. Myöhemmin, olen ymmärtänyt, että monet ongelmistani ovat saattaneet olla seurausta vastuuttomien aikuisten toiminnasta tai laiminlyönnistä. Nuoret hengailivat keskenään milloin missäkin, mutta onneksi minulla sattui olemaan muutama lahjakas ja järkevä ystävä. Meillä on Suomessa vallinnut kummallinen käsitys, että 15- vuotias voisi jo ottaa vastuun itsestään ja että hänellä on täysi ymmärrys tekemisistään ja niiden seurauksista. Vasta viime vuosina on ymmärretty, että aivojen kehitys jatkuu aina noin 23 -vuotiaaksi saakka. Muistan, kuinka 70 –luvulla alaikäiset joivat litratolkulla monenlaista alkoholia kotibileissä, metsissä, baareissa. Baareissa ei kyselty papereita, kunhan kauppa kävi. Toisten vanhemmat eivät tienneet siitä, mutta joidenkin vanhemmat tiesivät. Helsingin Haagassa siitäkin kaveripiiristä, jonka tunsin, tiedän ainakin kolmen pojan kuolleen alle 50 - vuotiaana alkoholin aiheuttamiin vammoihin. Kaksi oman käden kautta ja yksi johonkin fyysiseen sairauteen. Huomasin vasta kiertäessäni Intereilillä Euroopassa, että 15 -vuotiaat eivät juoneet esimerkiksi Keski- Euroopassa siihen malliin, kuin meillä.

19

Silloin ymmärsin, että nuorten juominen ei olekaan normaalia, että se ei ole yleinen tapa. Itse jätin alkoholin käytön kokonaan melko heti aloitettuani meditoinnin ja sain kuulla ivallisia kommentteja tai ihmetystä, että miksi et juo? Miksi pitäisi perustella, että miksi ei juo alkoholia, eihän kenenkään tarvitse selitellä miksi ei juo mehua tai teetä. Pikemminkin pitäisi perustella miksi juo alkoholia, koska siitä ei ole mitään muuta kuin haittaa.

Meditaatiossa syveneminen

Kävin läpi erilaisia tuntojani meditoidessani. Tietoisuuteeni putkahti monenlaisia negatiivisia tunteita ja ajatuksia. Halusin päästä prosessissa syvemmälle ja kävin läpi syitä menneisyydestä, jotka saattoivat aiheuttaa minulle sen hetkistä pahaa oloa tai mistä johtui outo käyttäytymiseni. Jooga auttoi oivaltamaan asoita, mutta se vaati ehdotonta rehellisyyttä itselle ja rohkeutta kohdata asiat, niin kuin ne olivat. Asian teki helpommaksi se, että meditoimaan saattoi ryhtyä milloin vaan, kun oli tarve, eikä se maksanut mitään. Meditoin päivittäin ja kuuntelin Shri Mataji Nirmala Devin, Sahaja yogan perustajan puheita ja pyrin parhaani mukaan seuraamaan hänen ohjeitaan. Halusin löytää vastauksia pahaan olooni. Yksi asia, jonka ymmärsin oli, että tunnepuoleni oli hyvin raskas ja hyvin sekaisin.

20

Meidän yhteiskunnassamme on normaalia, että kaikki elävät vain työlle. Työlle omistaudutaan, siihen panostetaan ja samalla läheiset ihmissuhteet saattavat jäädä vaille huomiota. 90 - luvun alun ilmapiiri Suomessa ei myöskään ollut kovin kannustava meditoimiseen ryhtymiselle. Ei ollut helppoa saada itseään istutettua alas ja antautua meditaatiolle. Kaikenlaisia ajatuksia risteili päässäni yrittäen häiritä hiljentymistä. Kuulin viisastelijan itsessäni arvostelevan meditointia, kuinka typerää hörhöilyä se on ja hippimeininkiä

Mutta meditaatio auttoi minua näkemään tapahtuneet asiat ulkopuolisen silmin ja jouduin niin monet kerrat kohtaamaan kehittymättömyyteni. Olin elämässäni paennut lukuisia tilanteita selvittämättä niitä ja lopulta ajautunut yksinäisyyteen. Näin kävi, koska minulla ei ollut minkäänlaista kontaktia omiin tunteisiini. Kaikki tiedämme, kuinka elämä ilman aitoja omia tunteita on falskia ja naurettavaa, säälittävää ja yksinäistä. Kun oppii arvostamaan itseään, oppii myös arvostamaan tunteitaan. Huomasin, että vasen -tunnekanavani oli ollut jo pitkään tukossa. Olin pahentanut asiaa työntämällä masennusoireet taka-alalle ja pitämällä vauhtia yllä.

Syyllisyys

Vuosiakausia olen myös taistellut syyllisyydentuntojen kanssa. Syyllisyys on sitkeä seuralainen. Syyllisyydentunto estää näkemästä asioiden oikeaa tilaa ja panee toistamaan samat virheet aina uudestaan. Ikävä tosiasia on, että mennyttä ei voi saada takaisin, ei voi kelata elämää johonkin hetkeen, että palataanpa tuohon, tuon kohdan haluan ottaa uudelleen, aloittaa kaiken alusta ja elää sen toisella tavalla. Ainoa, mitä voi tehdä on yrittää oppia ja välttää toistamasta samoja virheitä uudelleen ainakaan liian montaa kertaa.

Opettelin antamaan anteeksi, mutta täytyy myöntää, että kesti yli 10 vuotta, ennen kuin ymmärsin, miten voi antaa itselleen anteeksi. Syyllisyydentunne estää kerta kaikkiaan näkemästä asioiden todellisia syitä, sitä miksi on toiminut edesvastuuttomasti. Syyllisyys oli saanut minut toiminaan aina vaan typerämmin.

Oma äitini käväisi unessani kuolemansa jälkeen auttamassa minua selvittämään syyllisyydentuntojani. Hänen käyntinsä kesti vain lyhyen hetken, mutta hän sanoi tärkeät sanat: " *Opettele antamaan anteeksi.*" Hän oli unessa jo saman tien lähdössä, kun huusin hänen peräänsä: "*Antamaan anteeksi - kenelle!!*" Äiti vastasi: "*Itsellesi.*" Vieläkin ihmettelen, kuinka viisaat sanat ne olivat.

Tulin yhä enemmän tietoiseksi
negatiiivisista ajatuksistani ja tunteistani.
Huomasin tuntevani kateutta kaikkia niitä kohtaan,
jotka olivat eläneet tiiviissä ja turvallisessa
perheyhteisössä. Heillä oli toisensa, he saattoivat
tukeutua toisiinsa ja he saivat voimaa toisistaan,
heidän elämänsä oli selkeää. Minä olin pohjimmiltani
melko yksin, eikä minulla ollut kosketusta aitoon
tunne-elämääni.

Kateus

Kateus kantaa kaunaa.
Kateus vie unen, ilon ja rauhan elämästä
Kateus panee vihaamaan, viha synnyttää sodat.
Kateus panee vihaamaan naapuria;
se synnyttää kilpavarustelua
Se tekee meistä varkaita tai vakoojia, pettureita,
se saa meidät juoruilemaan, ryppäämään .
Luet lehdistä toisten menestyksestä,
- taas samat tyypit televisiossa,
että mä vihaan noita samoja naamoja!
Eikö niiltä saa elää rauhassa!
Kateus tekee sairaaksi.

Pikkuhiljaa tunne-elämäni alkoi täyttyä positiivisimmista ajatuksista, tunteista ja toiveista. Aloin uskoa rakkauden olemassa oloon. Tyhjä aukko sisälläni täyttyi pehmeällä ja lempeällä hyvän olon tunteella. En enää tuntenut olevani yksin. Minulle alkoi muodostua ymmärrys siitä, että joku tai jokin voima hallitsee kaikkea elollista. Meitä ei olekaan heitetty maailmaan sattumalta, eikä turhan takia. Meillä on päämäärä – sulautua tähän salaperäiseen voimaan, joka lempeästi huolehtii meistä ja hienovaraisesti näyttää tietä, mitä kohti on kuljettava. Ymmärsin myös, että mikään ei ole merkityksetöntä. Kaikki, mitä olen aikaisemmin tehnyt, määrää tämän hetkisen tilani, ei vain tekemiseni tässä elämässä, vaan tekemiseni myös aikaisemmissa elämissä. Kohtalo ei olekaan sattuman sanelemaa, vaan usean monimutkaisen tapahtuman ja yhteensattuman summa. Kaikki on suuren Luojan käsikirjoitusta, dramaattisine juonenkäänteineen, jossa meillä ihmisillä on merkittävä rooli. Eikä tämä käsikirjoitus ole kirjoitettu vain ympärillämme olevaan näkyvään maailmaan, vaan siinä on lukemattomia tasoja näkyviä ja näkymättömiä. Aikaisemmat elämämme kietoutuvat siihen ja syyn ja seurauksen laki toimii jollain monivivahteisella tasolla.

Meillä on tahto ja voimme tehdä valintoja. Me voimme myös vaikuttaa käsikirjoituksen kulkuun. Kuten teatteriohjaaja ja näyttelijäntyön teorian perustaja K. Stanislavski opetti: *"Toimikaa annettujen olosuhteiden mukaan."* Ajattelin, että annetut olosuhteet ovat siis meille määrättyjä elämän lähtökohtia esimerkiksi se, minkälaiseen perheeseen synnyt, mitkä haasteet on tässä elämässä voitettava, mitä valintoja tehtävä ja niin edelleen. Minun on vain yritettävä tehdä tästä elämästä näissä olosuhteissa paras mahdollinen suoritus. Luovuttaminen ei ole ratkaisu. Totuin myös teatterikoulussa, että hyvä valinta on aina rohkea valinta.

Käsitykseni ajasta muuttui myös. Mennyt, tämä hetki ja tuleva tuntuivat olevan olemassa yhtä aikaisesti ja jossakin hetkessä ne kohtasivat. Minulle tästä oli todisteena niin sanotut enneunet tai aivan pienet yksinkertaiset asiat. Esimerkiksi, kun jostain syystä olin hankkinut jonkin kummallisen esineen ja joka vaan roikkui mukana muutosta toiseen, eikä sitä vaan saanut heitetyksi pois. Mutta yhtäkkiä jonakin päivänä se sopikin kuin nakutettu johonkin. Eli oli siis olemassa jo tieto missä tulet asumaan ja mitä tulet tekemään. Tieto ei vain ollut tullut vielä todeksi materiaalisella tasolla aiemmin.

Lopettamisen houkutus

Tietenkin on tullut silloin tällöin ajatuksia, että ei tässä meditoinnissa ole mitään järkeä ja hukkaan vain aikaani ja että olen liian omituinen tai erikoinen. Mutta kuitenkin aina, kun istuin meditoimaan ja taas äärettömän rauhallinen ja turvallinen olo valtasi olemukseni ymmärsin, että tämä on jotain suurempaa ja hienompaa, kuin jokapäiväinen elämän tahkoaminen. Tämä yhteys, jonka tunsin, tapahtui kuitenkin täysin tietoisessa olotilassa, kaikki aistit toimivat hyvin ja paremminkin, kuin normaalisti, saatoin olla ajatukseton tai saatoin ajatella mitä halusin. Mutta siinä yhteydessä voi sanoa, että sielu lepäsi. Joskus mieleen putkahti ajatuksia, että en ole ansainnut tätä ja että olen niin sanotusti huono joogi. Mutta ne olivat taas mielen höpötystä, yksi niistä ovelista tempuista saada minut lopettamaan meditointi. Pikkuhiljaa jooga minussa vahvistui, kundaliini sisälläni sai tilaa vakiintua ja mieli lakkasi häiritsemästä. Eikä meditointi ole ollut ajanhukkaa, se ei ole vienyt elämästäni mitään pois, ei ainakaan mitään sellaista, jota olisin jäänyt kaipaamaan. Se on päinvastoin auttanut pääsemään eroon huonoista tavoista, eikä meditoinnin ylläpitäminen pohjimmaltaan ole ollut kummempaa, kuin päivittäinen hampaitten harjaus tai aamu –tai iltapesu. Meditointi vain huolehtii sisäisestä, henkisestä pesusta.

Aluksi siis löysin ilon uudelleen, aistit herkistyivät ja sitten aloin tuntea myötätuntoa toisia ihmisiä kohtaan. Ennen olin keskittynyt vain itseeni ja omiin ongelmiini, näin ja koin koko maailman vain itseni kautta. Meditointi antoi taidon katsoa itseä ulkopuolelta ja saada asiat oikeisiin mittoihin. Yksi selitys kokemukselleni oli se, että kun en ollut tasapainossa, elin joko egon tai superegon -(yliminän) kautta. Ego ei juurikaan tunne myötätuntoa ja superego on keskittynyt omiin murheisiinsa. En tiedä mistä sellainen empatia kanssaihmisiä kohtaan heräsi niin voimakkaana, mutta teki kipeää katsoa kärsiviä ihmisiä, etenkin lapsia.

Mielestäni suurin rikos maailmassa on vahingoittaa lapsia tai puolustuskyvyttömiä. Nuoret maksavat kovan hinnan, kun heidät koukutellaan huumekoukkuun. He menettävät sielunsa niiden rahojen mukana, joilla rahoitetaan mafioita tai järjestöjä, jotka ovat huumebisneksen takana, mutta huumeiden uhrit tekevät hidasta kiduttavaa matkaa kohti kuolemaa. Heille tarjotaan huumeita, vaikka se, mitä he kipeästi kaipaisivat, on rakkaus.

Omien halujen punnitseminen ja tutkiminen on hyvin vaikeaa. Opettelin tutkimaan halujani ja päämääriäni - missä määrin ne olivat sopusoinnussa kaikkeuden kanssa ja mikä taas oli egon tuotoksia. Kerran istuin elokuvissa Tampereella katsomassa erikoista elokuvaa. Se oli Franz Kafkan romaaniin *Oikeusjuttu* perustuva elokuva.

27

Meitä istui salissa vain kaksi katsojaa. Elokuva teki minuun suuren vaikutuksen. Ymmärsin, että siinä käsiteltiin ihmisen sisäistä oikeudenkäyntiä, en enää muista tarkkaan, mutta elokuvassa oli väkeä paljon ja oikeudenkäynti kiihkeää. Muistan ajatelleeni, että nyt ymmärrän kaiken! Samassa koin oudon episodin; minusta tuntui yhtäkkiä, kuin joku olisi raottanut taivaan esirippua hetkeksi ja kysynyt minulta selvän kysymyksen: *"Mitä sinä haluat?"* Ääni kuului kuin kaikuna jostain toisesta maailmasta ja se hetki kesti vain muutaman sekunnin. Häkellyin ja mielessäni välähti kuvia joistain purjeveneistä, omasta talosta, perheestä, mutta en saanut näistä kuvista kiinni, enkä sillä hetkellä löytänyt mitä ylipäänsä oikeasti haluan. En osannut vastata, sanoin vain, että sinä tiedät paremmin, mikä on minulle hyväksi. Ymmärsin myöhemmin, että oli minun ongelmani, että en jälleen kerran osannut päättää, mitä todella haluan. Olen joskus miettinyt, mitähän olisi tapahtunut, jos olisin osannut vastata, tuollaista kysymystä ei varmaan esitetä yhden ihmisen elämässä montaa kertaa.

Meditoinnin myötä on helppo päästä eroon addiktioista. Koska meditoidessa saadaan yhteys omaan henkeen ja samaistutaan siihen, eikä haluihin, persoonaan tai imagoon, jonka haluaa itsestään luovan. Henki on meillä kaikilla ja se on vapaa ja riippumaton.

Ja kun samaistuu henkeen, on helppo tarkkailla itseään, erilaisia tapoja tai ehdollistumia, joita on itselleen rakentanut ja mihin tarpeseen esimerkiksi alkoholi tai tupakka toimii korvikkeena tai lääkkeenä. Monet ovat kiinni addiktioissaan ympäristön paineen vuoksi. Minusta on järkyttävää kuunnella, kun vanhemmat päivittelevät, että toivottavasti heidän nuoret selviytyvät ilman alkoholi – ja huumekokeiluja ainakin 16 -vuotiaaksi. Mikä raja se on? Mehän tiedämme, että riippuvaisuus syntyy helpommin, mitä nuorempana aloittaa. Alamme jo ymmärtää tämän, mutta vanhempien pelko on silti hälyyttävä. Se kertoo yhteiskunnastamme jotain ja siitä, miten ristiriitaisesti suhtaudumme esimerkiksi alkoholiin. Koska nuoret etsivät vielä identiteettiään, ovat he liian hyvä kohderyhmä tai saalisryhmä myös markkinavoimille. Markkinavoimat ohjailevat pitkälle halujamme. Kaikki opit ja asiat maailmassa osataan vääntää tukemaan hetkellisiä halujamme ja sitä kautta tuottamaan yrityksille voittoja. Mutta jos samaistumme henkeemme, joka ei tarvitse mitään, vaan on tyytyväinen siihen, mikä on, voi kuvitella, että aito meditaatio ei ole mieluinen villitys markkinavoimille.

Pietariin

Kun aloitin meditoimisen joskus 20 vuotta sitten, olin hermostunut, ahdistunut ja pelokas suorittaja, kuten aikaisemmin olen kertonut. Minun maailmaani ei mahtunut muita, hädin tuskin pysyin itse pystyssä ja elossa. Tein töitä paljon. Huomasin jo silloin, että elämä ei ole mitään, jos sen omistaa vain työlle. Liiallinen työnteko vain eristää muista ihmisistä ja todellisuudesta ja sitten koko yhteiskunnasta. Työyhteisö oli 90 -luvun alussa armoton karuselli - karu selli, jonka tarkoitus oli tahkoa tulosta ja jos et pysynyt mukana, olit heikko. Kukaan ei silloin paljastanut todellisia tunteitaan ja omia heikkouksia piiloteltiin tiukasti. Olen pannut merkille, että nykyään puhutaan paljon avoimemmin uupumisesta, pahoinvoinnista ja peloista. Etupäässä juuri kuuluisat näyttelijät *James Liptonin "Tähdet kertovat"* - keskustelusarjassa kertovat avoimesti heikkouksistaan. Mutta tuolloin, 90 –luvun alussa, työhyvinvointi oli uusi käsite. Sellaista ei pohdittu, että viihtyvätkö työntekijät työssään, piti vain pysyä mukana. Lama oli ovella, enkä huomannut, että minullakin oli uupumus ja paniikkihäiriö hyvin lähellä. En ollut kuullutkaan sellaisista käsitteistä kuin uupumus tai burnout. Vaikka työssäni oli myös hyviäkin hetkiä, varsinkin, kun yleisö istui salissa, niin tein omat johtopäätökset jaksamisestani ja lähdin virkavapaalle.

30

Virkavapaavuodet vietin Venäjällä. Syksyllä 1993 lähdin opiskelemaan Pietarin Teatteri Akatemiaan. Siellä oli opiskelijoita eripuolilta Eurooppaa ja muutamia myös Suomesta. Suunnitelmissani oli opiskella Pietarissa yksi vuosi, mutta viihdyinkin siellä kaksi vuotta. Venäjällä elettiin juuri valtavaa murroskautta. Neuvostoliitto oli hajonnut ja Perestroika, eli uudelleen rakentaminen oli loppusuoralla ja valta vaihtumassa. Kaikesta oli pula ja ulkoisesti kaupunki muistutti vielä Neuvostoliittoa, mutta minulle tämä sopi hyvin, sillä egoni oli ilmeisesti romahtanut Neuvostoliiton kanssa samanaikaisesti. Tuohon aikaan byrokratia ja erilaisten lupien saanti Venäjälle pidemmäksi aikaa matkustavilla oli aikamoista taistelua, mutta sain kuitenkin kaikki luvat, viisumit ja rahoitukset hoidettua.

Pietari oli vaikuttava elämys kauniine kanaaleineen ja kultaisine kupoleineen.

Elin kuin unessa kaupungin ajattomassa mystisessä maailmassa, joka oli jäänyt jollekin määrittelemättömälle aikakaudelle. Vaikka kaduilla ei näkynyt mainoskylttien tai valojen värejä ja ilmettä, kihisi kaupunki silti väkevää elämää. Suomessa oli juuri Markettien massatuotanto levinnyt kaikkialle, kun taas Venäjällä oli kaikkialla eri kokoisia toreja, joilla sai kypsiä mehukkaita tomaatteja, tuoretta lihaa ja hedelmiä. Keskustasta löytyi pieniä erikoiskauppoja, kun jaksoi koluta pihoja ja kellareita. Jonotin useat kerrat leipäkaupassa ensin kassalle ja sitten kuitin kanssa tiskille.

Vaikka kaduilla velloi loska, niin ihmisten vaatteet olivat siistit. En ymmärrä, miten he pystyivät pitämään valkoiset vaatteet niin valkoisina. Paikalliset marketit olivat koruttomia halleja. Ostin niistä joskus huvikseni todella edullisia neuvostoaikaisia vaatteita, joissa näytin ihan Tatjanalta. Sen ajan venäläinen yhteiskunta toimi jollain käsittämättömällä tavalla, raitiovaunut ja metrot kulkivat, ihmiset nousivat aamulla töihin ja elämä pyöri, niin kuin kaikkialla muuallakin ja minä pyörin mukana.

Kaikki näytti Venäjällä köyhältä ja huonosti hoidetulta. Miten erilaista siellä olikaan ja kuitenkin niin lähellä Suomea. Pietarin suurkaupungissa oli vielä hyvin niukasti ulkomaisia investointeja.

 Kaupunkien kadut ja rakennukset olivat rapistuneita ja kaipasivat kipeästi restaurointia sekä sisä-, että ulkopuolelta. Pietarin vanhat rakennukset olivat minusta rumankauniita, niissä saattoi aistia historian ja menneen elämän, ne aivan kuin hengittivät ja huokailivat suruansa ja mennyttä aikaa. Kauppoja oli vähän ja tarjonta niukkaa. Kadut olivat kuraisia ja kaikkialla soi musiikki, kioskeissa, metroasemilla. Tämä oli vastakohta Suomen siisteydelle ja hiljaisuudelle. Oli masentavaa nähdä, kuinka aiemmin niin upeita elokuvia tuottanut *Lenfilm* -elokuvastudio ammotti tyhjänä ja autiona.

Mutta baletti, musiikki, teatteri ja nukketeatteri elivät vahvoina.

Opiskelin nukketeatterilinjalla ja minuun teki suuren vaikutuksen aikuisten nukketeatteri- miten vähäisellä materialla, esimerkiksi rukkasella tai huivilla sai loihdittua vaikuttavan esityksen. Köyhästä teatterista tuli rikasta sisällöllisesti, tarvittiin vain mielikuvitusta ja sillä, mitä haluttiin sanoa, oli suuri merkitys. Tämä oli myös erittäin ekologista teatteria, joka on nyt muodostunut tärkeäksi energian säästötavoitteiden myötä. Meillä Suomessa oltiin vielä 90 -luvulla keskitytty enemmän isojen teatterisalien täyttämiseen ja materiaan. Tekniikkaan panostaminen oli hautaamassa alleen taiteen tai sisällön.

Kontrasti Suomen ja Venäjän välillä oli siis hyvin suuri. Kerran, kun matkustin junalla taas koti-Suomeen, istui vieressäni neljä amerikkalaista mummoa. He olivat kai Texasista. Ja siltä he ainakin kuulostivat, kun he juttelivat kovaan ääneen amerikkalaisella nasaalilla ja kertoivat maatiloistaan, karjastaan ja matkoistaan. Heillä oli asiaankuuluvasti värjätyt hiukset, räikeän väriset vaatteet ja paljon koruja. Kun olimme ohittaneet rajan ja tulimme Suomen puolelle, huusivat mummot yhteen ääneen:" *Wau, here is better, here I see money!*" (*Wau, täällä on parempi, täällä näen rahaa!*)

Mutta minun sydämeni aukeni Venäjällä ja tunsin herääväni eloon ja pystyin taas nauttimaan elämästä, taiteesta, musiikista ja Pietarin oudon haikeasta rumankauneudesta.

Vaikka kadut olivat karuja, saattoi sivukaduilla
kulkiessa tehdä löytöjä, koska mainoksia ei ollut, piti
vain rohkeasti laskeutua johonkin kellarihuoneistoon.
Niihin johti yleensä pienet kiviportaat, joissa oli
rautakaide. Siellä saattoi olla kahvila, jossa tarjottiin
turkkilaista kahvia, jäätelöä ja vodkaa, Sieltä saattoi
löytää jonkun myymässä perunaa, punajuurta tai
porkkanaa. Kerran ostin ison pussin porkkanaa ja
lähdin kanaaleja pitkin kulkemaan kotiin päin. Vastaan
tuli mummo, joka ilahtuneena kysyi, "mistä löysit nuo
porkkanat?". Väistämättä tuli mieleen sota-aika. Olin
siirtynyt ajassa 50 vuotta taaksepäin.
Aamutuimaan kerran viikossa tyhjennettiin likaämpäri
rekka-auton lavalle. Pimeässä talvipakkasessa ihmiset
kokoontuivat kadulle likaämpärin kanssa odottamaan
roska-autoa, jonka lavalle ämpärin sisältö kumottiin.
Itsekin heräsin aikaisin aamukuudelta ja lähdin kadulle
likaämpärin kanssa. Hetki tuntui minusta maagisen
runolliselta, mutta paikallisille se ei varmasti ollut
kovinkaan runollista. Tämä yksinkertaisuus ja
vaatimattomuus oli mannaa sielulleni. Tunsin siinä
Fontanka -joen rannalla seistessäni olevani kuin joku
sankari Dostojevskin romaaneissa.
Asuin jonkin aikaa yhteisasuntolassa. Se oli suuri
harmaa kivitalo, joka oli entinen tehtaan työläisten
asuntola. Talossa ei ollut hissiä. Leveät portaat johtivat
kerroksiin, joissa oli pitkät käytävät.

Huoneet sijaitsivat käytävillä, niin kuin hotelleissa ja niissä asui yksinäisiä, pariskuntia tai jopa perheitä.

Kaikki kulkivat kotioloissa eräänlaisessa aamutakissa, jota kutsuttiin "halatiksi" Torakoita vilisi kaikkialla, mutta sain ne torjuttua omasta huoneestani sitä varten tarkoitetulla torakkaliidulla. Minulla oli pitkulainen huone, jossa oli hyvin korkeat katto ja ikkuna. Jokaisessa kerroksessa oli yhteiset WC -tilat ja talon alimmassa kerroksessa melko ankea yhteissuihku, jonne piti kulkea ulko-oven vieressä istuvan tuiman näköisen vahdin ohitse. Tukeva nainen istui siinä sinisessä halatissaan vahtimassa ovea aamusta iltaan. Vaikka perestroika oli alkanut, muistutti elämä vielä Neuvostovenäjän elämänmenoa. Jokaisessa kerroksessa oli suuri yhteiskeittiö, jonka varusteisiin kuului jääkaappi, hella, astiakaappi ja pöytä tuoleineen.

Itänaapurimme asukkaat olivat hyvin vieraanvaraisia. Aina, kun kävin kylässä, sain teetä tai ruokaa tai kotona valmistettuja piirakoita.

Mutta romanttisessa mielessäni sain yhteiskeittiönkin muistuttamaan pyhättöä.

Muisto Pietarista

Pienessä keittiössä ruokapöydän äärellä
istuu kaksi hahmoa.
Toinen on nuorehko nainen,
toinen jo vanha.
Nuori nainen syö halulla
vanhemman laittamaa ruokaa;
höyryävää perunaa, kastiketta, porkkanaa ja pihviä.
Ikkunalla roikkuvat pitsiverhot kaltereiden suojana.
Ikkunasta ei näy muuta,
kuin vastapäisen talon rapattu seinä.
He istuvat hiljaa, syövät.
Vanha nainen katselee tyytyväisenä,
kun nuori syö, eipähän tarvitse istua yksin,
on kenelle laittaa.
Vanhan naisen mieli on tyyni – iskut ovat jo kaukana,
eivät tunnu enää.
On elettävä päivä kerrallaan,
kunhan vaan löytyisi vielä voimia ja tahtoa.
Nuoremman iskut ovat lähellä,
mieli levoton - on pakko nousta,
opittava ottamaan vastaan uusia iskuja.
Keittiössä on hiljaista ja aika pysähtyy.
Hetkeksi voi unohtaa muistot,
jotka vielä tekevät kipeää.
Hetki rauhassa, ajattomuudessa, jossa on hyvä olla.
Pyhä hetki keittiössä.

Sisäinen kamppailu

Pietarissa pääsin meditoimaan isoihin tilaisuuksiin, joissa oli satoja osallistujia. Ihmiset näyttivät olevan todella antautuneita meditaatiolle. He pystyivät istumaan tunti tolkulla meditoimassa ja vaikuttivat tasapainoisilta ja tyytyväisiltä. Minulla onkin ollut aina käsitys, että venäläiset ovat erityisen herkkiä henkisyydelle. Venäjän verevä, elämän makuinen tunnelma auttoi minua myös syvenemään meditaatiossa. Tai sitten olin onnistunut jättämään stressaavan puoleni Suomen puolelle.

Osallistuin vuonna 1994 Moskovassa kansainväliseen joogatapahtumaan. Istuin väkijoukon keskellä, melko lähellä lavaa, jossa opettaja ja joogan äiti Shri Mataji Nirmala Devi opetti kuulijoita. Shri Mataji puhui ja yhtäkkiä sisälläni jokin pirullinen ääni alkoi hokea: *"Lähde pois täältä, etkö näe kuinka typerää tämä on, lähde jo!"* Ja se ääni jauhoi jauhamistaan kaiken typeryydestä, enkä kuitenkaan pystynyt liikahtamaankaan, jalkani olivat lukkiutuneet yhteen, tuijotin Shri Matajia, kyyneleet vain valuivat virtanaan kun taistelin äänen kanssa kummallista tahtojen taistelua. Minusta tuntui, kuin Joogien äiti Shri Mataji olisi vilkaissut minuun tummilla suurilla silmillään ja sanonut jotain sen tapaista, että teillä istuu kaikilla sydämessä pieni demoni, joka ei kykene näkemään totuutta ja joka teidän on voitettava.

Viesti kolahti minuun niin vahvasti sillä hetkellä, ikään kuin nuoli olisi osunut suoraan sydämeen ja pieni paholainen sydämessäni vaikeni ja luikki tiehensä. Minulla oli autuaallinen olo tämän jälkeen. Sain samassa seminaarissa Shri Matajilta pienen lahjan. Olin esiintynyt muiden mukana eräässä tanssinumerossa ja Shri Mataji jakoi kaikille esiintyjille pieniä muistoesineitä. Kun niitä jaettiin, olin jossain kävelyllä, mutta eräs ystäväni antoi sen minulle. Shri Mataji oli kysynyt, oliko vielä joku ja ystäväni oli sanonut, että oli eräs, joka oli mukana tanssimassa. Shri Mataji oli ojentanut jotain, mutta sitten hän oli kysynyt, että kenelle tämä tuli. Ystäväni oli sanonut, että yhdelle suomalaiselle tytölle. Shri Mataji oli miettinyt hetken ja vaihtoi esineen. Se oli pieni koriste, joka esitti yksipyöräisellä tasapainoilevaa sirkustaiteilijaa. Tätä sisäistä tasapainoa olenkin saanut hakea ja mitä ilmeisemmin tasapainon löytäminen on juuri minulle erityisen haastavaa.

Meditointi ja siinä syveneminen on joskus kirjaimellisesti pienten tai suurten sisäisten demonien voittamista yksi toisensa perään. Se on matka kohti sisintä, kohti sydäntä, jossa loistaa heijastuma jostain suuresta ja kauniista. Se on mutkainen, rosoinen tie kohti selkeyttä. Tien tekee rosoiseksi epävarmuus, huonommuuden tunto, ehdollistumat siitä, että mitään hyvää ei voi olla, ei ainakaan minua varten.

Meditointi on myös jatkuvaa itsetutkiskelua ja äärimmillään se tarkoittaa pahan selättämistä. Eri uskonnoissa puhutaan myös tästä ihmisen sisäisestä hyvän ja pahan mittelöstä.

Meditoituani jo muutaman vuoden näin unta, että paholainen istui talomme portailla baskeri päässään ivallisesti hymyillen. Minä olin taisteluasemissa ja tein jonkinlaisia karate –tai judoliikkeitä. Lensin pahiksen ympärillä kuin lentävä ninja. Voitin taistelun. Paholainen oli harmissaan siitä, että hävisi tämän taistelun, joka oli kuulemma kestänyt 15 vuotta ja häipyi pois.

Intiaan

Matkustin muiden joogien mukana myös pari kertaa Intiaan 90 -luvun alussa. Muistan hyvin, kun kiipesin vuorelle, paikkaan, jossa on voimakkaat suotuisat värähtelyt. Kyseistä paikkaa kutsutaan Swyambomiksi, paikaksi, jossa on jonkin jumalaisen energian ilmentymä. Vuorella, jonne kiipesin tunsin vahvasti viattomuuden voiman eli alimman chakramme, Mooladhara -chakran värähtelyt. Istuin alas meditoimaan ja yllättäin kundaliini reagoi voimakkaasti ja ryhtyi puhdistamaan chakrojani toden teolla. Minulla oli vahva halu puhdistua. Istuin siinä meditoimassa ja paikan vaikutuksesta sydämeni avautui, kyyneleet nousivat silmiini ja itkin valtoimenaan.

Ne kyyneleet olivat todella puhdistavia ja vapauttavia. Samaan aikaan takanani meditoi joku mustaihoinen nainen ja lauloi mantroja komealla syvällä äänellä.

Kokemus oli sanoinkuvaamattoman syvä, tunsin vapautuvani jostain kauan kestäneestä taakasta, joka liittyi syyllistävän ilmapiirin paineisiin, jotka taas ovat ristiriidassa liian liberaalien seksuaalisten asenteiden kanssa länsimaisessa kulttuurissa. Tunsin olevani täysin puhdas ja viaton.

Intian lämpö teki hyvää vasemmalle kanavalleni. Sahaja Yogassa opetetaan, että hienorakenteemme muodostuu kolmesta perusvoimasta, eli kanavasta ja vasen kanava säätelee tunteitamme ja halujamme.

Olotilani Intiassa tuntui kevyeltä ja koin, että sisäisen tasapainon löytyminen oli helpompaa, kuin kotona. Meille pohjoisen asukkaille ei ole helppoa pysyä iloisena ja virkeänä tavallisen arjen aherruksessa, kun joudumme rämpimään läpi pitkän pimeän ja kylmän ajanjakson. Suomalaisten kokema kaamosmasennus on täysin ymmärrettävää joogaoppienkin kautta.

Samoin kuin yksilönkin, on myös yhteiskunnan oltava tasapainossa. Meidän on huolehdittava myös pehmeistä arvoista. Länsimaissa on rahalla, jopa diktatuurinen valta ja raha määrää ovelasti arvokasvatusta sekä muokkaa ihmisten moraalikäsityksiä. Raha on kuitenkin vain materiaa, väline jota tarvitsemme asioiden toimittamiseen. Rahan pitäisi liikkua.

Me otamme vastaan siunauksia myös rahan muodossa ja tätä hyvää meidän tulisi myös jakaa eteenpäin. Jos ei kykene antamaan, ei voi myöskään saada. Jos kerää mammonaa liikaa omaan pussiin, alkaa varallisuus ympärillä mädäntyä, kuten seisova vesi vaasissa ja pian se mädännyttää kukatkin, joille sen pitäisi antaa ravintoa.

Ennen Intian matkaa, en ollut erityisen paljon, ainakaan tietoisesti halunnut lasta. Olin kuitenkin jo 35 - vuotias, eli perheen perustaminen oli jo hyvinkin ajankohtaista. Tunteiden puhdistumisen myötä aloin pikkuhiljaa aidosti toivoa perhettä ja lapsia. Kerran, kulkiessani kurssikaverini kanssa Pietarissa Instituutista kotiin, sanoin ystävälleni haluavani lasta. Samassa iso musta koira ilmestyi kuin tyhjästä jalkojeni juureen. Ystäväni sanoi, että toiveesi toteutuu, koska heillä päin on sanonta, että, kun toivot jotain ja koira ilmestyy samalla tykösi, toiveesi toteutuu. Kahden vuoden kuluttua sain esikoiseni. Lapsen syntymä oli suuri lahja ja kolmen vuoden kuluttua esikoisen syntymästä, sain toisen lapseni, ihanan tytön, jonka silmät loistivat tummina, kuin tuomenmarjat. Olin onnesta sekaisin, kun molemmat lapseni syntyivät. Syntymän hetkellä saatoin tuntea voimakkaasti sen hiljaisen, pyhän ja salaperäisen voiman, joka on läsnä kaikkialla meitä varten.

Siperiaan

Opiskellessani Pietarin Teatteri Akatemissa, tapasin tulevan aviopuolisoni Karimin.

Karim oli Siperiasta kotoisin, Hakassian Tasavallasta. Hän tuntui heti jotenkin tutulta, kuin olisin tuntenut hänet jo kaukaa, useiden vuosien takaa. Siten kohtalon kiemurat veivätkin minut syvemmälle Venäjän maahan, Siperiaan, Karimin kotiseudulle. Kun näin kuvia Hakassiasta, tunsin heti, että elämä siellä ei tule olemaan helppoa. Jo kuvissa vaikutelma oli ankara. Muistan, kun lähtiessäni pidemmäksi aikaa Hakassiaan junalla, olin ystäväni luona Helsingissä yöpymässä ja kysyin, oliko hänellä minulle mitään kirjaa matkalukemiseksi. Hän sanoi, että nyt ei ole mitään kevyttä lukemista, mutta ota tämä ja ojensi minulle kirjan. Se oli L. Tolstoin Ylösnousemus. Kirjassa päähenkilö lähtee vapaaehtoiseen karkoitukseen Siperiaan ja punnitsee elämäänsä, syyllisyyttään ja tekemiään edesottamuksia. Siinä minä sitten lähdin omalle karkoitusmatkalleni syvälle tuntemattomaan Siperiaan.

Nyt olin todellakin matkustanut ajassa 50 vuotta taaksepäin. Odottaessani esikoistani, kävin Abakanissa, Hakassian pääkaupungissa seurannassa. Paikallinen neuvola oli Stalinin aikaisessa sairaalarakennuksessa. Mukana piti olla oma pyyhe, joka asetettiin kovalle laverille ja siihen sitten asetuttiin makuulle.

Hoitaja kuunteli vauvan sydämen ääniä torvella. Todellinen sotavankeus alkoi, kun luulin, että lapsivedet tulivat ja minut kiidätettiin tarkkailuun synnytyssairaalaan. Ikkunoissa olivat kalterit ja samassa osastossa oli tarkkailussa useita raskaana olevia äitejä. Sängyt olivat vanhat rautahetekat, joihin upposi, eikä niissä päässyt kääntymään ilman taistelua vikisevien jousitusten kanssa. Lakanat piti tuoda itse. Sairaalan ruoka oli kelvotonta, joten sukulaiset toivat potilaille lisäruokaa. Sairaalassa oli yksi ultraäänilaite, jolla seurattiin sikiön kehitystä ja sekin laite oli pahasti epäkunnossa. Minulle sanottiin, että siellä on tyttö, joka kärsii, koska lapsivettä on vähän. Lääkärit määräsivät kaikille jotain lääkkeitä, mutta muut naiset varoittivat minua syömästä lääkkeitä, koska ne olivat heidän mielestään vaaraksi sikiölle. Sairaalassa noudatettiin tiukkaa hierarkiaa. Lääkäreitä pelättiin ja kun oli lääkärikierroksen aika, osaston potilaat ryhtyivät vimmatusti siivoamaan. Sitten ovelta huudettiin: "Huomio, nouskaa!" ja kaikki nousivat seisomaan sängyn viereen ja ylilääkäri astui ovesta sisään. Kerrran joku oli unohtanut sukkansa kuivumaan patterille. Ylilääkäri asteli suoraan sukkien luo ja kivahti: "Kenen nämä ovat?". Eräs tyttö myönsi ne omakseen. Lääkäri kysyi "Sinäkö näytät minulle likaisia sukkiasi?" Ja heti häipyivät sukat patterilta.

Osastolla oli vain yksi WC, eikä pesuhuoneessa ollut suihkuja. Peseytyminen hoidettiin kraanojen alla, jotka olivat rivissä pitkän seinälavuaarin yllä. Aamuisin piti antaa virtsanäyte ja kaikki naiset jonottivat vuoroaan WC:n lasipurkki kädessä. Naiset selittivät minulle, että täytyy toivoa, että virtsanäyte on hyvä, että silloin voi päästä kotiin. Vankilatunnelma tuli vahvasti mieleeni, kun olin matkalla jonon päähän ja etupäästä huudettiin minulle: *"finka! finka, sudaa!"* *(suomalainen, tule tänne!)* ja samalla viittoiltiin kädellä, että minut päästettäisiin jonon etupäähän. Olin itse jo käsittänyt, että minulla ei ollut mitään hätää ja lapsi voi ihan mainiosti. Olin vain turhaan säikähtänyt pikkuasiasta. Mutta sairaalasta pois pääseminen ei ollutkaan niin yksinkertaista. Jouduin ylilääkärin puhutteluun. Sain luvan matkustaa Suomeen, mutta omalla vastuullani. Minun piti allekirjoittaa dokumentti, jossa sairaala vetäytyy vastuusta, jos minulle sattuu jotain.

Lopulta lensin Suomeen. Menin heti Tampereen keskussairaalaan ultraääneen ja hoitajat ilolla ilmoittivat, että siellä on potra poika ja hän voi oikein hyvin.

      Matkustimme sittemmin usein Hakassiaan, mieheni vanhempien luokse Abakaniin. Erään kerran Abakanissa ollessamme, nostaessani lasta syliini, selkäni venähti rajusti, enkä saanut itseäni suoristettua ollenkaan. Jäin aivan koukkuun. Paikalliset kuitenkin tiesivät miten venähdys hoidetaan.

Minut vietiin erään vanhan ystävällisen mommon luokse. Hän kurkisti oven raosta ja pelästyi, että ei kai vaan ole ruotsalaisia Jehovan todistajia liikkeellä. Sitten, kun hän ymmärsi, että ei ollut ruotsalaisia *"jehovia"* (kuten hän asian ilmaisi), vaan yksi suomalainen ja joku paikallinen, hän rauhoittui ja päästi meidät sisään. Hän laittoi minut matolle selälleen jalat koukussa. Sitten hän otti jonkinlaisen puisen nuijan ja alkoi pyörittää sitä kovin ottein vatsani päällä. Se tuntui kestävän iäisyyden, mutta ei tehnyt kipeää, se tuntui vaan todella oudolta. Nainen selitti, että napakeskus on saatava takaisin keskelle. Sitten hän sanoi, että valmista tuli ja minä nousin ylös täysin suorassa, enkä tuntenut enää minkäänlaista kipua.

Tämä taisi olla hyvä esimerkki yksinkertaisesta ja viisaasta kansanparannuskeinosta. Siperiassa oli kyllä toisenlaisiakin parantajia, joiden metodit olivat vähän arveluttavampia. Kaikenlainen taikausko ja shamanismi elivät siellä yhä vahvana kansan parissa.

Siperian aroilla saattoi tuntea menneen ja tämän hetken yhtä aikaa. Ihailin Siperian luontoa, sen avaraa maisemaa ja vuoria, jotka kätkivät sisäänsä tarinoita. Kun katsoi etäältä jotain vuorta, se muistutti lepäävää sotilasta. Minulle kerrottiin, että sotilas odottaa hetkeä jolloin sen on herättävä ja lähdettävä puolustamaan alistettua kansaansa. Tämä oli yksi Hakassian monista tarinoista. Hakassian valtavan rikas eeposperinne tekikin minuun suuren vaikutuksen.

Abakan

Abakanin korkea taivas, leveät puistokadut.

Leninin patsas ja Stalinin ajan arkkitehtuuri.

Korkeat tummat poppelipuut puistoissa,

joiden latvuksissa vanhat mustat varikset seurasivat

ja tarkkailivat ohikulkijoita.

Toreilla tuoretta lihaa ja suuria mehukkaita arbuuseja.

Ikkunoista näkyvät vuoret, jotka ympäröivät kaupunkia

ja sulkevat sen suojelevaan syleilyynsä

ja joilla tuuli puhaltaa jostain vuoren uumenista,

menneestä maailmasta.

Seisot Suurkhanin haudalla ja kun suljet silmäsi,

voit kuulla ratsujen kavioiden äänen –

Tsingis Kahnin armeijan laukkaavan ikuista

laukkaansa.

Suomeen

Minulla oli romanttisen lapsellinen mielikuva näistä ihmisistä Venäjällä. Ihailin sitä sinnikkyyttä ja ahkeruutta, jolla he viljelivät pienillä maatilkuillaan perunaa, kurpitsaa, porkkanaa, kuinka he valmistivat ruoan alusta saakka itse, ilman valmisruokapaketteja, elivät yksinkertaisesti ja vaatimattomasti. He saattoivat tehdä useaa työtä samanaikaisesti elantonsa taatakseen. Ihmettelin, kuinka aitoja ja viisaita he olivat, vaikka elivät aikamoisessa talousahdingossa. Olin melkein valmis muuttamaan hakassialaiseen kylään ideologisin perustein, sen alkuperäiskansan kulttuurin säilymisen vuoksi. Hakassialaiskylät olivat ankeita paikkoja, vesi jäätyi kaivoihin talven kovilla pakkasilla, tiet ja talot olivat todella huonossa kunnossa. Mutta kuvittelin sitten itseni sinne muutaman vuoden päästä hampaattomana harmaassa hökkelissä ja päätin, että sillä tavalla en pelasta mitään kulttuuria. Ja yhdessä päätimmekin muuttaa Suomeen asumaan. Mutta saimme kuitenkin toteutettua jonkin verran kulttuurinvaihtoa Hakassian kanssa. Järjestin eri yhteistyökumppaneiden kanssa Hakassian Kansallisteatterin vierailun Suomeen kolme kertaa. Ja veljeni Jarko kävi Siperiassa tekemässä radiodokumenttisarjan Hakassiasta, joka esitettiin Suomen Yleisradiossa.

Suomessa muutimme Keski-Suomen komeisiin maisemiin, missä ystävämme auttoivat meitä elämän alkuun ja aloitimme mieheni kanssa oman nukketeatterin. Jonkin ajan kuluttua kuitenkin jokin veti meitä keskelle Savon metsiä pieneen maataloon, jossa ei ollut juurikaan mukavuuksia. Olosuhteet olivat alkeelliset eli Hakassia seurasikin meitä Suomeen. Peseytyminen oli hoidettava puilla lämmitettävässä vanhassa rapistuneessa pihasaunassa. Lasten juhlapäivä oli, kun Kauppa-auto ajoi tien poskeen kerran viikossa. Lämmin vesi tuli kyllä kaivosta taloon, mutta suihkua ei ollut.

Oli aikamoista kohtalon ivaa, kun yhtenä talvena vesi kuivui kaivoista melkein koko Etelä-Savon alueelta. Sen seurauksena meidän oli pakko muuttaa etelämpään, jossa vettä riitti kaikille. Kuitenkin ne kaksi vuotta, jotka asuimme metsässä, olivat miellyttävä ja avartava kokemus. Olin tottunut kaupungin elämään ja siihen, että kaikki on saatavilla ja aisteille on joka puolella tarjolla erilaisia virikkeitä. Yhtäkkiä olimmekin keskellä metsää, missä ei tapaa muita, kuin lintuja, ötököitä ja lähimmän naapurin traktorin hyristävän hiekkatiellä. Nähtävyyksiä olivat myös naapurin lehmät ja lumiaura, joka ilmestyi pihaan auraamaan talviaamuina. Aluksi huomasin olevani levoton, enkä osannut asettua. Ajattelin koko ajan, että minun pitäisi olla jossakin muualla.

Mutta pikkuhiljaa totuin olemaan umpimetsän rauhassa. Se sai mieleni ja huomioni rauhoittumaan. Olin vähitellen herkistynyt luonnon kauneudelle. Maailmassa oli niin paljon kauneutta, jota en ollut huomannut. Aikaisemmin nuoruudessani minulla oli ollut tapana kulkea meren rannalla ja puhua merelle kaikki huoleni. Ja meri kuunteli. Esitin kysymyksen ja meri vastasi omalla tavallaan. Siinä rannalla kulkiessani, oivalsin aina oikean vastauksen kysymyksiini.

Luonto on niin äärettömän viisas, se ruokkii meidät, kannattelee meitä ja se imee ja puhdistaa kaiken loan, jonka kaadamme sen niskaan. Samoin luonto voi imeä itseensä meidän huolemme ja murheemme.

Ihminen, joka kykenee nauttimaan luonnosta, jakamaan sen kanssa ihanan rauhan ja voiman tai aistimaan sen huumaavia tuoksuja, ei voi olla yksinäinen.

Asuessani siellä metsän keskellä en tuntenut itseäni yksinäiseksi. Metsä eli kaikessa mukana, se jotenkin hengitti kanssani samaan tahtiin ja tuntui kuin luontoemo tuntisi äärimmäistä myötätuntoa ihmistä kohtaan. Ajattelin, että luonnon puolesta ei tarvitse olla huolissaan, se pärjää kyllä, kunhan ihminen saa itsensä järjestykseen.

Turkkiin

Matkustin 90-luvun alussa myös Turkkiin, Istanbuliin, Sahaja joogien kansainväliseen seminaariin. Joogeja saapuu näihin seminaareihin aina tuhansia kaikkialta maailmasta. Ihastuin Istanbulin lämpimään ja mystiseen tunnelmaan. Istuimme seminaarissa suuressa hallissa meditoimassa ja Shri Mataji istui jälleen salin etualalla ja puhui. Oloni oli täydellinen. Olin höyhenen kevyt, minulla oli äärimmäisen hyvä olla, ei minkäänlaisia huolia. Aika lensi kuin siivillä, istuessani siinä meditoimassa. En olisi halunnut tuon hetken koskaan loppuvan. Ajattelin mielessäni, että en halua lähteä kotiin, haluan jäädä tähän, henkisen äitini helmoihin istumaan.

Noin 10 vuotta myöhemmin matkustin taas uudestaan Istanbuliin joogaseminaariin.

Muistin, kuinka vahva kokemus oli ollut aikaisemmalla kerralla käydessäni. En muista oliko meditaatiosali sama, mutta kokemus oli jälleen miellyttävä ja voimakas. Muistin siinä meditoidessani, kuinka 10 vuotta sitten en olisi halunnut palata kotiin. Tälläkin kerralla tuntui yhtä voimakkaalta ja hyvältä, mutta nyt kotiin palaaminen ei tuntunut ollenkaan vaikealta.

Samassa kuulin Shri Matajin sanovan jotain tämän tapaista: *"You are now grown ups spiritually, you can go and live your lives"* (*Olette nyt aikuisia henkisellä matkallanne, voitte mennä elämään elämäänne*).

Ajattelin taas, että nuo sanat olivat juuri minua varten. Miten hän voi tietää, mitä ajattelin vuosia sitten! Viesti oli tietenkin kaikille, enkä muista asian yhteyttä, johon tuo lause kuului, mutta tärkeintä oli, kuinka paljon se merkitsi silloin juuri minulle.

Vanhemmat

Suhteemme isäämme ja äitiimme vaikuttavat hyvin paljon siihen, millainen on henkinen kuntomme. Heidän tilansa, stressinsä, tekemisensä, sekä yhteinen historiamme heijastuu suoraan hienorakenteeseemme. Sain sen tuntea konkreettisesti aikoinaan, kun olin uupunut ja lähdin virkavapaalle. Samoihin aikoihin äitini Eira sairastui paniikkihäiriöön. Taipumusta paniikkioireisiin on esiintynyt suvussamme laajemminkin. En osannut silloin yhdistää asioita, mutta olen myöhemmin ymmärtänyt vanhempien vaikutuksen ja merkityksen. Ei ainoastaan heidän esimerkkinsä ole tärkeä, vaan myös heidän henkinen tilansa vaikuttaa meihin suoraan ja saatamme tuntea heidän ongelmansa selvästi, jopa niin sanotusti nahoissamme, koska henkinen side heihin on niin vahva.

Äiti

Kun äitini kuoli, kuulin taivaallista musiikkia.
Se soi sisälläni, mielessäni
ja samalla jossain toisessa todellisuudessa.
Valtava kuoro lauloi ylistystä,
urut ja torvet yhtyivät kuoroon.
Oli kuin taivas olisi avannut
porttinsa ja ovensa äidilleni.
En tiedä mistä musiikki oli lähtöisin,
mutta se oli täydellisen kaunista.
Niin suuri vastakohta
äidin maallisen elämän maisemille.
Itäpasilan kujilla ei soi muuta,
kuin Pubista ulos tulevien juoppojen riitely ja hoilotus.
Syksyn kylmä viima lakaisee
ainoan pihavaahteran lehdet rautatiekiskoille.

Pasilan kalpea asema
toivottaa ensimmäisenä tervetulleeksi
Helsinkiin matkustavat toisen luokan kansalaiset.
Talojen parvekkeilta voi nähdä palan taivasta.
Kaunis sielu piilossa kerrostalojen kätköissä.
Tyttö metsien takaa, vaarojen maisemista,
jossa pehmeä lumi kimaltaa järven jäällä.
Hän oli oppinut tottelemaan,
tekemään töitä mukisematta.
Elämä toi lopulta Pasilaan moikkaamaan
muita kotoaan eksyneitä.
Mutta enkelit soittivat kunniaa sinä yönä,
kun hän kuoli.
Satoi läpi yön, lämmin kesäsade,
vapauttava, virvoittava sade
- viimeinen tervehdys,
sade,
joka synnyttää uuden elämän.

Isä

Isäni, Harri on hyvin taitava ja karismaattinen
näyttelijä, joka on aina ollut kiinnostunut klassisesta
musiikista, avaruudesta, mikroavaruudesta,
kvanttifysiikasta ja tähtitieteestä. Kun olin lapsi,
hänellä oli jonkinlaiset ufon havaitsemisvälineet
ikkunalaudalla. Tapasin kerran Oulussa entisen
kirjastonhoitajan, joka muisti isäni. Isä asui lapsena
Oulussa ja oli kuulemma ahkera kirjaston kävijä.
Kirjastonhoitaja kertoi, että isäni oli kulkenut katse
kohti tapulia ja taivasta. Hän oli aina halunnut
tähtitieteilijäksi, mutta sen esti senaikaiset
ahdasmieliset käsitykset. Isäni vanhemmat uskoivat,
että liika lukeminen sekoittaa pään. Vaikka tähtitiede
on hyvinkin maanläheistä matemaattisten kaavojen
seuraamista.

Olen aina ihaillut isääni kaukaa, mutta myöhemmin
meditointi yhdisti meitäkin. Hän harrasti pitkään
hengitysjoogaa ja oli kokeillut jotain erilaista
meditointitekniikkaakin, mutta huonolla
menestyksellä, koska hän sai siitä vain päänsäryn.
Kerran näin unen, jossa isä istui tuolilla levottomana ja
yritti meditoida. Se ei onnistunut ja hän hermostui.
Minä sanoin itselleni unessa, että johan on kumma, jos
en pysty opettamaan isälleni meditointia, sitä
vartenhan minä olen syntynyt.

Melko pian meditoimme yhdessä muutaman kerran. Ilmeisesti se oli tärkeää, koska unessakin asia tuli eteeni. Isäni suhtautui positiivisesti meditaatioon, vaikka olikin sitä mieltä, että ei hänestä enää tässä elämässä joogia tule. Mutta uskon, että hänen henkensä sai aavistuksen siitä, mitä on etsinyt.

Suku

Olen pannut merkille, että elämämme määräytyy jossain määrin myös esi-isiemme edesottamuksien mukaan. Sanotaan, että maksamme isiemme tekoja hyvässä ja pahassa aina seitsemänteen sukupolveen ja puhutaan karman laista. Huomasin yhtäkkiä itsekin, että kaikki paikkakunnat, jonne muutin tai menin käymään tai tein työkeikkoja olivat lähes samat, joissa esi-isäni olivat asuneet. Äitini suku, von Schönemanit, olivat asuneet Pohjoisessa Suomessa, mm. Haukiputaalla, Viitasaarella, Jyväskylässä. Juuri näissä paikoissa olin viime aikoina asunut jonkin aikaa tai niiden läheisyydessä. Sukumme upseereita oli lähetetty 1700 - luvulla vankeuteen Siperiaan, jossa he olivat eläneet 12 vuotta. Myös sinne Siperiaanhan vei minunkin tieni. Schönemanneja on asunut ja asuu myös Turussa.

Näin joskus vuosia sitten, kauan ennen kuin olin edes aikeissa muuttaa Turkuun unen:
Istuin junassa mieheni kanssa ja vastapäätä istuu vanhempi arvokkaampi herra.

Hän saattoi olla joku arkkityyppi tai animus, mutta myöhemmin ajattelin, että hän saattoi myös olla joku esi-isäni. Hän sanoi: *"Sinä olet niitä Turun Schönemanneja."* Minä yritin selittää, että en ole Turusta, että olen Tirkkonen ja Tampereelta tai itseasiassa Helsingistä, mutta hän vain nyökytteli ja sitten hän sanoi, että, *"Sinulla on ihan hyvä rooli."* Olin jo unohtanut unen, kunnes muutaman vuoden kuluttua olimme todellakin muuttaneet Turkuun sieltä Savon metsistä.

Synkronisiteetti

Samalla tavalla kuin unet antavat meille merkkejä tai vinkkejä elämää varten, niin myös luontoäiti näyttää meille symbolisia yhteensattumia, joita kutsutaan synkronisiteetiksi.

Teatteri Akatemian ja Musiikki Akatemian asuntola Pietarissa oli Doblesti Ulitsan (Doblesti kadun) varrella. Katu sijaitsi lähiöalueella meren rannalla. Alueen rakennukset olivat suuria kerrostaloja.

Kun menin asuntolaan käymään ensimmäisen kerran, mietin tulevaisuuttani ja valintojani. Seisoin keskellä leveää katua, josta saattoi hyvin nähdä kadun molempiin päihin. Samassa näin maagisen näyn; oikealla puolella kadun päässä taivaanrannassa oli suuri punainen aurinko ja vasemmassa päässä aivan vastapäätä aurinkoa samankokoinen keltainen täysikuu.

Ne ikään kuin katsoivat toisiansa ja tervehtivät minua. Ajattelin, että näky oli hyvä merkki, että se, mitä juuri mietin, oli oikea valinta. Ympärilläni ei näkynyt sillä hetkellä muita ihmisiä ja minusta tuntui, että näky oli vain minua varten.

Olimme mieheni kanssa molemmat suorittaneet nukketeatteriopintoja Pietarissa ja mieheni oli valmistunut ohjaajaksi, joten oli luontevaa perustaa oma nukketeatteri. Ja kerran, kun kuljimme Pispalan harjulla Tampereella ja suunnittelimme yhteistä teatteria, näin taivaalla saman näyn, jonka olin nähnyt Pietarissa Akatemian asuntolan luona. Vasemmalla puolella, Pyhäjärven päällä loisti punainen pyöreä aurinko ja toisella, Näsijärven puolella suuri keltainen täysikuu.

Kolmas hauska sattuma tai esimerkki synkronisiteetista sattui samoihin aikoihin. Tämä ei liittynyt kuitenkaan luonnonilmiöihin. Olin aikoinaan Tampereen elokuvajuhlilla nähnyt mielenkiintoisen kiinalaisen elokuvan, joka teki minuun syvän vaikutuksen. Se kertoi miehestä, joka menetettyään omaisuutensa uhkapelissä, alkoi elättää itsensä kiertävänä nukketaiteiljana. Kerroin elokuvasta miehelleni ja hän kiinnostui siitä kovasti, mutta en muistanut elokuvan nimeä ja asia unohtui. Mutta kerran, kun olimme taas lähdössä Hakassiaan, lähtöä edeltävänä iltana näytettiin televisiossa kyseinen kiinalainen elokuva.

Se oli Zhang Yimoun elokuva *Elämänkaari*. Ja hämmästyttävää oli se että, kun olimme lähdössä Abakanista takaisin Suomeen, niin lähtöä edeltävänä iltana esitettiin Hakassian televisiossa samainen elokuva.

Usko ja uskonnot ovat ihmisen henkiselle elämälle hyvin tärkeitä, mutta lopulta elävän ja syvän yhteyden saavuttaminen elämää ylläpitävään kaikkialla olevaan luovaan voimaan, on vieläkin tärkeämpää ja loppujen lopuksi siitä kaikissa uskonnoissakin on kysymys. Tästä yhteydestä olemme syntyneet ja sinne olemme matkalla. Sitä olin etsinyt ja se on sieluni koti –yhteys jonnekin jota ei voi nähdä, mutta jonka voi konkreettisesti tuntea. Se on jotain suurempaa, kuin spekulointi, argumentointi tai väittely. Se on ikuisuus, josta olemme syntyneet, alku ja loppu, alfa ja omega, se on Sana, om ja aum ja armo, kaikki yhdessä ja yhtä aikaa. Meditaatio on harmoniaa, jossa ihminen voi unohtaa itsensä ja ongelmansa hetkeksi, voi sulautua suurempaan, leijua pilvissä ja olla samalla tukevasti maassa, voi tuntea vapauden ja samalla yhteyden kaikkein suurimpaan taivaan ja maan Luojaan.

Olen itsekin vasta alussa ja minulla on vielä monta matkaa kuljettavana kohti sisäistä harmoniaa ja tasapainoa, kohti sitä onnea, joka on siinä hetkessä, keskellä, taivaan ja maan välissä, missä pyöreä keltainen kuu ja suuri punainen aurinko katsovat hetken toisiansa.

Lento

Vieläkö jaksaisi lähteä matkalle
Lähteä pitkälle lennolle
Etsiä enteitä, uskoa unia, merkkejä paremmasta
Vieläkö istun ohjaamoon
Koneeni on vahva
Kiitorata lyhyt
Illan hämärtyessä mystiset valot näyttävät tietä
Vakaasti nousen ja varmasti
Tämä lento on viimeinen –koko elämä kyydissä
Mutta taivaanrannassa loistaa auringon vihreä säde
Vielä kerran sielu värähtää
Odottakaa!
Tämän matkan tahdon taittaa!